Inhalt

Prozess-Controlling - Prozesse stellen für Unternehmen ein Intangible Asset dar und müssen vom Controlling gesteuert werden

Kernthesen

Beitrag

Fallbeispiele

Weiterführende Literatur

Impressum

Prozess-Controlling - Prozesse stellen für Unternehmen ein Intangible Asset dar und müssen vom Controlling gesteuert werden

M. Westphal

Kernthesen

- Die vom Controlling vorrangig erhobenen Finanzdaten steuern ein Unternehmen nur unzureichend.
- Viele der erhobenen Daten sind vom

Unternehmen nur begrenzt beeinflussbar und bilden auch keinen Erfolgsfaktor ab.
- Prozesse können von einem Unternehmen beeinflusst werden und stellen darüber hinaus ein Intangible Asset dar.
- Das Controlling muss sich verstärkt mit dem Controlling der Prozesse beschäftigen.

Beitrag

Die Effektivität des operativen Geschäfts ist die Basis für den finanziellen Erfolg eines Unternehmens. Daraus begründet sich die Fokussierung des Controllings auf die Analyse und Optimierung der Kernprozesse eines Unternehmens.

Das Controlling muss seinen Schwerpunkt von Finanzdaten auf Prozesse verlagern

Controlling in seinem ursprünglichen Sinne ist ein Steuerungskonzept, welches sich über die gesamte Kette von der Zieldefinition hin zur Implementierung operativer Entscheidungsprozesse erstreckt. Das Controlling bedient sich dabei primär Kennzahlen, die den finanziellen Erfolg messen, wie Umsatz,

Gewinn und Cashflow. Alle diese Kennzahlen resultieren aus dem operativen Geschäft, sind aber auch nicht ohne Weiteres direkt beeinflussbar. Was beeinflusst werden kann und wesentlich zur Ertragsfähigkeit des Unternehmens beiträgt, sind die Effektivität und Effizienz der Geschäftsprozesse. Der Ressourceneinsatz kann beeinflusst werden und eine erhöhte Kundenzufriedenheit durch bessere Prozesse kann den Erfolg des Unternehmens positiv verändern. (1)

Der Controller muss die Prozesse in seinen Betrachtungen stärker integrieren

Die Controllingtätigkeit ist häufig nicht spezifisch genug auf die Prozesse ausgerichtet. Es werden isoliert nur einzelne Organisationseinheiten oder aber Produkte oder Kunden des Unternehmens durch das Controlling gesteuert. Es fehlt der übergreifende Ansatz, die Geschäftsprozesse über alle Einheiten und Ebenen hinweg zu betrachten. (2)
Diese Betrachtungen wiederum werden in anderen Organisationseinheiten durchgeführt. Abteilungen, die die Prozessoptimierung und Prozessmodellierung analysieren, finden häufig nicht die ungeteilte

Beachtung des Managements. Das Management ist fokussiert auf Finanzkennzahlen. Auch die häufig in Einkauf, Logistik, Produktion oder Vertrieb installierten Prozess- oder Performance Management-Einheiten betrachten und berichten nur dezentral und in Eigenregie ohne übergreifende Koordination. (2)

Der Controller muss aber gestalten und dazu müssen prozessbezogene unternehmensübergreifende Informationen in das Steuerungssystem für das Gesamtunternehmen integriert werden. (2)

Der bisher stark finanzorientierte Controlling-Ansatz kann durch die Integration von Prozess- und Performance Management deutlich aufgewertet werden. (1) (2)

Auch in der Vergangenheit gab es mit Activity Based Costing oder Prozesskostenrechnung schon Instrumente, die den Blick auf die in den Abteilungen stattfindenden Prozesse lenken. Aber es fehlen Performance-Gedanken, die vor allem mit Scorecard-Modellen mit den Prozessen in Verbindung gebracht werden können. (2)

Benchmarking und Best-Practice-Ansätze können im Rahmen des Controllings der Prozesse wichtige Impulse im Hinblick auf Überprüfung und Optimierung der Prozessperformance liefern. (2)

Die Unternehmensstrategie muss auch die Prozesse berücksichtigen

Die Entwicklung der Strategie des Unternehmens kommt inhaltlich nicht ohne eine Berücksichtigung der strategierelevanten Prozesse aus. Dabei müssen auch die Stärken und Schwächen der Kernprozesse des Unternehmens obligatorisch überprüft werden. Die Aufgabe des Controllings besteht darin, die erfolgskritischen Prozesse zu identifizieren und entsprechend zu überprüfen und weiter zu entwickeln.
Die erfolgreiche Beherrschung der wesentlichen Geschäftsprozesse stellt für das Unternehmen ein Intangible Asset dar. (2)
Prozesse als Leistungsebene der Organisation müssen daher laufend hinsichtlich ihrer Effizienz und Effektivität überprüft werden, um die Prozessperformance sicherzustellen und damit einen dauerhaften Geschäftserfolg. (2)
Die Bedeutung von Prozesseffizienz für den Unternehmenserfolg führt auch dazu, dass das Prozesscontrolling im Rahmen der Unternehmenssteuerung eine hohe Priorität genießt. Der starke Finanzfokus spiegelt diese veränderte Sichtweise aber noch nicht wieder. (2)
Ein erfolgreiches Prozessmanagement stellt ein großes Ergebnispotential dar. Die richtigen Produkte

und attraktive Kunden sind wichtig. Für den Gewinn ist es aber von vorrangiger Bedeutung, dass das Unternehmen über effektive und effiziente Prozesse verfügt, die dafür sorgen, dass die richtigen Produkte für morgen entwickelt werden. Diese sollen die Kundenbedürfnisse optimal befriedigen und effizient produziert werden können. (2)

Die Integration von Performance- und Prozessmanagement ermöglicht ein effektives Prozesscontrolling

Der operative Fokus eines Prozessmanagements, welches sich mit der Optimierung konkreter Geschäftsprozesse beschäftigt, kann durch Verbindung mit dem Performance Management sinnvoll erweitert werden. Dieses beschäftigt sich mit den Finanzdaten mit globalerer Sichtweise. Die Integration dieser beiden Werkzeuge erhöht die Qualität des Controllings. Es werden dann die operativen Kennzahlen in Relation gesetzt zu den realen Geschäftsprozessen. Die Transparenz wird durch diese Art des Prozesscontrollings erhöht, da Abweichungen von den Plan-Kennzahlen sofort auf ihre Fehlerquelle hin analysiert werden können.

Damit entwickelt sich auch die Organisation weiter, da sie nicht mehr reines Fehler- und Krisenmanagement betreibt, sondern Fehlentwicklungen rechtzeitig erkennt und gezielt proaktiv steuert. Die kontinuierliche Betrachtung der Kennzahlen in Verbindung mit den dazugehörigen Abläufen wie auch Strukturen ermöglicht eine effiziente Schwachstellenanalyse. Schlechte Performance kann damit zurückgeführt werden auf inneffiziente oder ineffektive Prozesse wie aber auch Kommunikationsstrukturen. (1)
Dieses integrierte Prozess- und Performance-Management richtet die operativen Geschäftsprozesse an den Unternehmenszielen aus. Damit wird die Erlös- und Kostensituation direkt beeinflusst. Die relevanten Informationen über die externen Partner steuert die Finanzbuchhaltung bei, die Kostenaspekte und die Abbildung der internen Prozesse ist originäre Controlling-Aufgabe.
Wichtig ist, dass die Durchgängigkeit von Informationsbereitstellung von der Analyse bis hin zu umgesetzten Veränderungen sichergestellt wird. (1)
Eine gerade für das Prozesscontrolling wichtige Aufgabe ist es, die Daten nicht erst mit größerem Zeitverzug ex post zu betrachten, sondern schon in Echtzeit. Damit werden die laufenden Geschäftsprozesse betrachtet und transparent gemacht. Geschäftsprozesse die unter Plan verlaufen werden viel früher identifiziert und die Verletzung

etwaiger Service Level Agreements kann früher eingefordert werden. Aber auch eine kontinuierliche Anpassung der Geschäftsstrategie an ein sich änderndes Umfeld wie Markt oder Technologie kann durch das Controlling initiiert werden. (1)
Zu beachten ist auch, dass eine gute Steuerung einer detaillierten Ursachenanalyse bedarf, so dass Performance-Indikatoren wie Mengen, Qualitäten, Zeiten, Risiken und viele andere mit berücksichtigt werden müssen. (1)

Auch wettbewerbsrelevante Prozesse müssen untersucht werden

Für das Prozesscontrolling zieht die Fokussierung auf den Wettbewerb Anpassungen nach sich, da die Orientierung auf mehrere Foki gerichtet werden muss. Aber auch der operative Ansatz der Prozessoptimierung muss verändert werden. Zwar können die bekannten Instrumente zu Optimierung kundenfokussierter Prozesse verwendet werden, Modifikationen sind aber unerlässlich. Ein Zielkostenmanagement, welches sich am Wettbewerb orientiert und damit auch am Absatzmarkt, muss ein retrogrades Kostensplitting nutzen, welches dann im

Rahmen des Prozesscontrollings die wettbewerbsrelevanten Prozesse in die Analyse einbezieht. (3)

Fallbeispiele

IDS Scheer hat mit so genannten Mashups im Rahmen des Business Process Management das Reporting und die Zusammenfassung lokaler Daten zur Ermittlung der Prozesseffizienz verbessert. Das Prozessmanagement beschäftigt sich mit der Automatisierung operativer Prozesse. IDS Scheer begreift jetzt allerdings Modellierung, Analyse, Implementierung und Monitoring von Geschäftsprozessen als eigenen Prozess. Von Kunden wurde häufig bemängelt, dass Prozesse mit Hilfe der Scheer Software zwar automatisiert und analysiert werden, die eigentliche Prozesseffizienz aber nicht gemessen werden konnte. Die Mashups der IDS Scheer Software messen mittels analytischer Anwendungen Prozesse und Prozesskennzahlen aus den laufenden Applikationen heraus automatisch. Entsprechende Prozessmodelle werden generiert und die Effizienz wird zum Beispiel auf der Basis von SAP in der Realität gemessen. Denn SAP selbst generiert aus seiner Business Intelligence-Applikation heraus keine Daten, die aussagen, wie hoch die Effizienz der Prozesse ist. (5)

Weiterführende Literatur

(1) Scheer, August-Wilhelm / Heß, Helge, Business Process/Performance Management im Rahmen eines ganzheitlichen Controlling-Ansatzes, Controlling, Heft 03/2009, S. 145 - 151
aus LEBENSMITTEL PRAXIS NR. 004 VOM 27.02.2009 SEITE 062

(2) Mayer, Reinhold / Brenner, Markus, Prozessmanagement als Controlleraufgabe, Controlling, Heft 03/2009, S. 153 160
aus LEBENSMITTEL PRAXIS NR. 004 VOM 27.02.2009 SEITE 062

(3) Reiß, Michael, Management von Wettbewerbsprozessen, Missing Link im prozessorientierten Controlling, Controlling, Heft 03/2009, S. 161 166
aus LEBENSMITTEL PRAXIS NR. 004 VOM 27.02.2009 SEITE 062

(4) Systematische Optimierung des Vertriebsprozesses Konzeptionelle Leitplanken für die Marketingplanung
aus Betriebswirtschaftliche Blätter, März 2009, Nr. 03, S. 162

(5) IDS-Scheer-Produktchef Jost: Dashboard Mashup entlastet zentrale IT „Das Prozessmanagement wird ein automatisierter Prozess"
aus Computer Zeitung, Heft 13, 2009, S. 6

(6) Insellösungen reichen nicht mehr
aus SCHWEIZER BANK Nr. 03 vom März 2009 Seite 54

Impressum

Prozess-Controlling - Prozesse stellen für Unternehmen ein Intangible Asset dar und müssen vom Controlling gesteuert werden

Bibliografische Information der deutschen Nationalbibliothek

Die Deutsche Nationalbibliothek verzeichnet diese Publikation in der deutschen Nationalbibliografie; detaillierte bibliografische Daten sind im Internet über http://dnb.d-nb.de abrufbar.

ISBN: 978-3-7379-0069-0

© 2015 GBI-Genios Deutsche Wirtschaftsdatenbank GmbH, Freischützstraße 96, 81927 München, www.genios.de

Alle Rechte vorbehalten. Dieses Werk ist einschließlich aller seiner Teile – z.B. Texte, Tabellen und Grafiken - urheberrechtlich geschützt. Jede Verwertung außerhalb der Grenzen des Urheberrechtsgesetzes bedarf der vorherigen Zustimmung des Verlags. Dies gilt insbesondere auch für auszugsweise Nachdrucke, fotomechanische Vervielfältigungen (Fotokopie/Mikroskopie), Übersetzungen, Auswertungen durch Datenbanken oder ähnliche Einrichtungen und die Einspeicherung und Verarbeitung in elektronischen Systemen.